讲给孩子们听的潮汕故事
系列丛书

汕头开埠故事

李岱玲 主编

SPM 南方传媒 广东人民出版社
·广州·

图书在版编目（CIP）数据

汕头开埠故事 / 李岱玲主编. — 广州：广东人民出版社，2023.12
ISBN 978-7-218-16706-0

Ⅰ.①汕… Ⅱ.①李… Ⅲ.①汕头—地方史—儿童读物 Ⅳ.①K296.53-49

中国国家版本馆CIP数据核字（2023）第112952号

SHANTOU KAIBU GUSHI
汕头开埠故事
李岱玲 主编　　　　　　　　　　　　　　　版权所有 翻印必究

出 版 人：肖风华

策　　　划：李　敏
责任编辑：李　敏　罗　丹
装帧设计：仙　境　刘焕文
责任技编：吴彦斌　周星奎

出版发行：广东人民出版社
地　　　址：广州市越秀区大沙头四马路10号（邮政编码：510199）
电　　　话：（020）85716809（总编室）
传　　　真：（020）83289585
网　　　址：http://www.gdpph.com
印　　　刷：珠海市豪迈实业有限公司
开　　　本：787毫米×1092毫米　1/16
印　　　张：5.5　　字　　数：57千
版　　　次：2023年12月第1版
印　　　次：2023年12月第1次印刷
定　　　价：45.00元

如发现印装质量问题，影响阅读，请与出版社（020-85716849）联系调换。
售书热线：（020）87716172

《汕头开埠故事》
编委会

主　　　编：李岱玲

副　主　编：陈春嬿　谢馥敏

主要编写人员：纪镁铧　郑贺遥　吴　芸

　　　　　　　郑植燃　纪少芬　吴　纯

　　　　　　　余　杭

指　导　单　位：中共汕头市委党史研究室

　　　　　　　（汕头市地方志办公室）

　　　　　　　潮汕历史文化研究中心

　　　　　　　汕头开埠文化陈列馆

前言

潮起潮落，从1860年开埠至今，汕头埠走过了从渔村、码头、港口、商埠到现代化城市的历程。

汕头这座城市有着优越的地理位置。韩江、榕江、练江三江交汇，四通八达，中心水域平静、没有波澜，水上航行便利，适宜泊船；同时，得天独厚的岸地条件，也支持淡水补给、船员休息、仓储吐纳。清朝时，伴随着韩江、榕江上游的货物转运，西堤片区的港湾运输逐渐兴起。《澄海县志》记载："沙汕头距澄海西南三十五里，东蓬州都即沙汕头前海沃也，有淤泥浮出沙汕数道，乃商船停泊之总汇，东出大海，西入潮阳县之达濠，西北面至揭阳之北炮台，为海防要隘。"

在第一次鸦片战争[1]前，汕头就已经初具商埠[2]雏形，是一个没有得到官方批准开放、进出口交易频繁的中转港，洋人的帆船经常秘密行驶到南澳、妈屿的海面，进行倾销鸦片、交易商品和贩卖"猪仔"[3]等非法活动。1858年，恩格斯在《俄国在远东的成功》一文中认为，汕头是五口通商之后"唯一有一点商业意义的口岸"[4]。

---

[1]第一次鸦片战争：1840年至1842年英国对中国发动的侵略战争，也是中国近代屈辱史的开端。战争以中国失败并赔款割地告终。中英双方签订了中国历史上第一个丧权辱国的不平等条约《南京条约》。中国开始向外国割地、赔款，与外国商定关税，开始沦为半殖民地半封建社会，丧失独立自主的地位。

[2]商埠：指旧时与外国通商的城镇。也指商业发达的城市。

[3]"猪仔"：指清末民初，被拐骗、掳掠卖到国外做苦力的大批中国人，他们是被欺骗或被迫签约的"契约华工"，处境极端悲惨。

[4]《马克思恩格斯全集》（第十二卷），人民出版社1962年版，第663页。

第二次鸦片战争[1]后,清政府被迫签订不平等条约《天津条约》,1860年,汕头被迫开放,也就是汕头开埠。"开埠"就是官方认可对外开放,外国人可以来此地旅游、经商、定居、传教等等。当时通商港口的码头集中在西堤,包括了"怡和码头""太古码头""汕潮揭码头"等,汕头埠的商店和聚居也围绕海港码头不断扩展,构建了汕头老埠外贸的发祥地和集散地,被誉为"通洋总汇"。

虽然汕头是被迫开埠、被动开放,但从开埠到20世纪初,汕头埠经过几十年的建设发展,商贸港口的规模已经非常可观。1933年,港口年吞吐量占全国沿海港口吞吐量总和的8.6%,仅次于上海、广州,居全国第3位。开埠的商业行为促成了汕头从一个小小渔村向现代城市的转变,汕头从原来的农耕文明社会逐渐转变为现代城市文明社会,汕头商埠的百年繁荣自此开始书写。改革开放后,汕头的港口货运不断刷新纪录,1982年吞吐量突破200万吨大关,2000年突破1000万吨,2010年,汕头港完成货物吞吐量3510万吨。[2]

---

[1]第二次鸦片战争:1856年10月至1860年10月,为了进一步打开中国市场,扩大在华侵略利益,英、法两国在美、俄支持下联合发动的侵华战争。第二次鸦片战争迫使清政府先后签订《天津条约》、《北京条约》、中俄《瑷珲条约》等和约,列强侵略更加深入。中国因此而丧失了东北及西北共150多万平方公里的领土。

[2]汕头市社会科学界联合会编:《图说汕头埠百业(下册)》,内部资料。

跟着书本去旅行——我的研学之旅

我们的小伙伴涵涵和亮亮对汕头开埠的历史产生了浓厚的兴趣。他们决定到与汕头开埠有关的地方实地探寻，寻找其中的故事。让我们也跟随着他们的脚步一起出发吧！

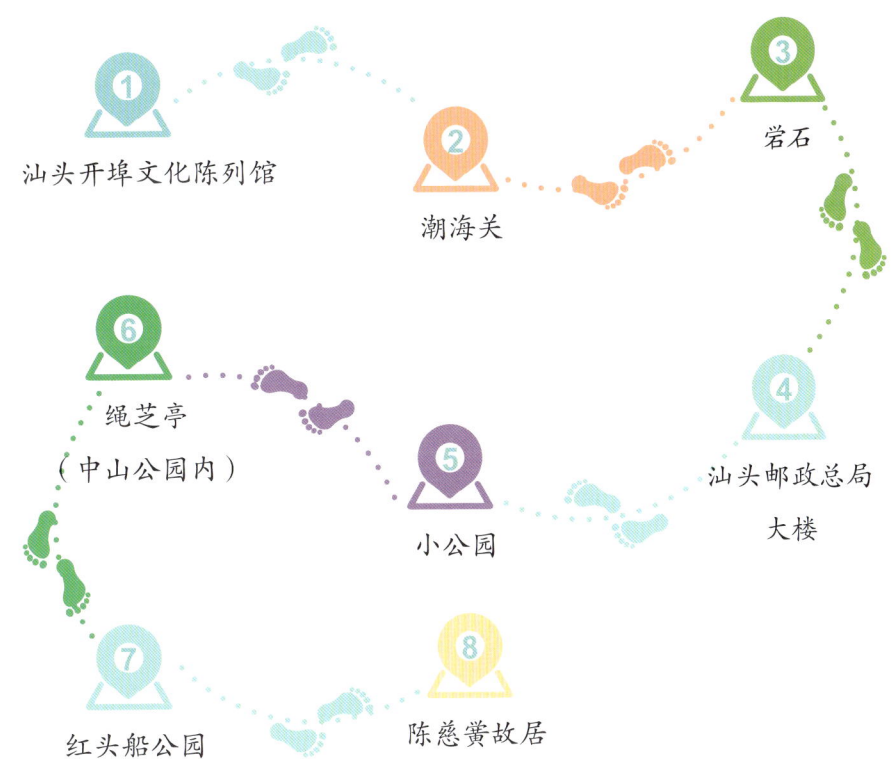

汕头开埠打卡

同学们,每到一个地方,看看我们能在其中发现什么代表性的或有意思的东西,给它拍照并记录下来哦!回来跟伙伴们分享。

序号	我的足迹	我找到了	打卡时间
1	汕头开埠文化陈列馆		年 月 日
2	潮海关		年 月 日
3	砻石		年 月 日
4	邮政总局大楼		年 月 日
5	小公园		年 月 日
6	绳芝亭		年 月 日
7	红头船公园		年 月 日
8	陈慈黉故居		年 月 日

目录

职能机构篇　01

01 汕头开埠文化陈列馆 ……03
02 汕头开埠伊始 ……05
03 汕头开埠的标志——潮海关 ……08
04 汕头海关关史陈列馆 ……12
05 英国领事署 ……14
06 太古洋行 ……16
07 潮海关副税务司公馆 ……18
08 汕头外马路 ……20
09 汕头邮政总局大楼和汕头大厦 ……22
10 桂园 ……25

医疗教育篇　27

11 外马路的教堂 ……29
12 福音医院 ……31
13 汕头埠学校 ……34
14 同文学堂有段"古" ……38

经济产业篇　　41

15　红头船公园 ……………………… 43
16　"卖猪仔"的故事 ……………… 45
17　轮船公司的建立 ………………… 47
18　簧利家族 ………………………… 49
19　"慈簧爷起厝" …………………… 51
20　胸怀民族大义的高绳芝 ………… 53
21　高绳芝纪念亭 …………………… 55
22　"万金油之王"胡文虎 …………… 57
23　胡文虎大楼 ……………………… 59
24　小公园 …………………………… 61
25　侨资建造的近代建筑 …………… 63
26　近代百货业与酒店业 …………… 65
27　中国进步电影先驱——蔡楚生 … 67

运输国防篇　　69

28　"古老的城堡"——石炮台 ……… 71
29　潮汕铁路 ………………………… 73
30　汕头解放桥 ……………………… 75

主要参考文献　　77

职能机构篇

汕头开埠文化陈列馆[1]

---

[1] 书中手绘插图由本书编写团队绘制。

01 汕头开埠文化陈列馆

🧒 亮亮,你知道汕头开埠文化陈列馆吗?

👦 知道,我还去过呢!它在汕头市金平区永平路一号,这一处建筑建于1907年,已经一百多岁了。

🧒 我们的开埠之旅就从这里开始吧!

汕头开埠文化陈列馆

汕头开埠文化陈列馆位于永平路一号,是一幢融汇中西文化的典雅建筑,淋漓尽致地展现了中西文化、新旧文化的激荡交融,展示了自1860年汕头开埠以来160多年的风云变化。

这栋大楼的身份随着汕头埠的盛衰而历经多次变化,它曾经是日本株式会社台湾银行汕头支行的行址,汕头解放后它又成为西医院院址、汕头日报社社址,后来又成为安平区政府、法院的办公场所。2010年,汕头市政府将此建筑修复并建成汕头开埠文化陈列馆,对游客开放。

汕头开埠文化陈列馆的建成,离不开热爱汕头文化的志愿组织的努力、市民的支持和兄弟城市的相助。陈列馆的藏品既有企业家慷慨解囊,斥巨资辗转多方收回的珍品;也有耄耋长者忍痛割爱,捐献的宝贵家珍。比如,香港招商局集团副总裁来馆参观后,捐赠了清朝晚期中国轮船招商局的"伊敦"号轮船的模型。"伊敦"号轮船曾经首航汕头港,是中国近代民族航运业拥有的第一艘商船,具有非常重要的意义。

宣传汕头文化是大家的共同心愿。陈列馆的建成展现了海内外潮汕人的文明素质和热爱汕头、乐于奉献的可贵品质。

这么说来,汕头开埠文化陈列馆真不愧是汕头市一张亮丽的文化名片呀!

是的,它可以帮助我们了解汕头埠的变革史,增强大家对汕头崛起的信心,推动幸福汕头、文明汕头建设。

亲爱的同学,汕头是海滨邹鲁、百载商埠,汕头精神激励人们凝心聚力、奋发有为。你能说说汕头精神是什么吗?请写一写。

02 汕头开埠伊始

涵涵,走在汕头开埠文化陈列馆里,我特别想知道汕头开埠的历史,你呢?

看,这里有详细的介绍。西方列强为了倾销鸦片,对中国发动第二次鸦片战争。中国战败,被迫签订了不平等的《天津条约》。

嗯,看到了,就是从这个条约开始,汕头等地被迫辟为商埠。

汕头开埠文化陈列馆:让历史告诉现在

同学们可能会疑惑,汕头开埠,中美《天津条约》写到的开埠之地,明明是"潮州",为什么最后是在汕头开埠呢?

这里有几个原因。首先，当时汕头属于潮州府管辖范围以内的一个口岸，所以在汕头开埠并不会违背条约。其次，汕头具备自然地理区位优势。开埠前，西方商人驾驶着较为先进的船只，经营鸦片走私和苦力买卖，从南澳岛和妈屿岛直接进入汕头港内，汕头港就成为中外两条贸易路线的交汇点。在西方人看来，汕头港是广东沿海北部位于韩江口的最好港口，距离潮州也不远。

第三个原因是，"弱国无外交"。中美《天津条约》的外国官方文书提到"汕头"，第二次鸦片战争清政府惨败，无力拒绝帝国主义列强的要求，"开埠"其实是在枪炮逼迫下的被迫开埠。

汕头，先后共被迫对13个国家开埠。

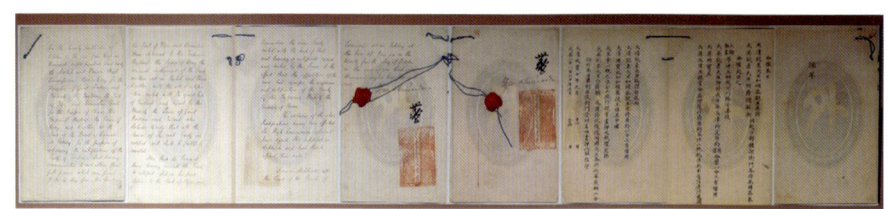

中英《天津条约》局部（来源：汕头开埠文化陈列馆）

亮亮，你看，中国海关总税务司赫德曾经在书中说，虽然1860年才宣布开放通商，但外国船只往来汕头已经有好多年了，这种不公开的贸易征税，在汕头并没有人反对。

我知道了，正是清政府这种屈辱妥协的外交态度，使汕头被迫开埠。

请用你擅长的方式表现汕头开埠。试一试吧！

剪纸：《汕头埠》
（陈贤子 7岁）

03 汕头开埠的标志——潮海关

🧑 涵涵，汕头开埠文化陈列馆让我们初步了解了开埠的始末，我对开埠文化产生了浓厚的兴趣，今天我们一起去寻找汕头开埠的标志吧！

👧 好啊好啊！

🧑 走吧，我们赶紧出发去妈屿岛！

👧 终于到了，好美的海滩，吹来的海风真舒服。

潮海关旧址照（来源：汕头开埠文化陈列馆）

站在岛上往远处看，会发现脚下的妈屿岛有着十分特殊的地理位置。它位于进出汕头港航道的中间，不仅是我国的国防门户，还是汕头海关的钥匙。海关主要负责监管贸易税收工作，对于国际贸易的发展有着重要的意义。现在在汕头的澄海区、金平区和龙湖区，不仅有海关大楼，而且有专门的海关关史陈列馆。1860年在汕头的出海口——妈屿岛设立的潮海关，对汕头来说意义重大，标志着汕头的正式开埠。

哇！原来妈屿岛还有这段历史呢！

是的呀！妈屿岛的海关设立史还有些复杂呢！

实际上，1853年，清政府就在妈屿岛南侧的营仔山上设立了潮州总口，也叫做"潮州粤海新关"，主要负责征收国内贸易货物税，人们称它"常关"。1860年设立的"潮海关"，主要征收对外贸易货物的关税。

这样啊！那为什么有了一个海关还要在1860年再设立潮海关呢？

这就要从第二次鸦片战争说起了。

第二次鸦片战争爆发后,为了在中国获得更多的利益,西方列强要求开放沿海城市、掌控海关。在1858年,清政府被迫签订不平等条约《天津条约》。作为对外开放的第二批通商口岸之一,1860年1月1日,汕头正式开埠。而同一天,潮海关作为必备的外贸管理机构成立了,成为当时全国第三、全省第二的海关口岸。潮海关由外国人管辖,因而当时人们也把它称为"洋关"。

汕头开埠使得洋人获利丰厚,也使得汕头的进出口贸易加速发展,税收逐年增长,一跃成为当时华南的商业巨埠。

不过我看到的海关大楼明明在外马路那边呀。

不急不急,听我讲。

1865年,潮海关在汕头居平路口购买一幢房屋作为办公楼,从妈屿岛迁到这里办公。1888年,当地政府划出今外马路以南约140亩的海滩供潮海关使用。妈屿岛上的潮海关曾经在汕头商业贸易中叱咤风云,如今却已经消失在历史的长河之中,后来被改建为派出所,只留下"潮海关地界"石碑,保存在汕头海关关史陈列馆,成为汕头开埠的重要物证。

这么说来，妈屿岛上的潮海关对汕头开埠有着重要的意义，是开埠的标志！

没错，从妈屿岛到外马路的汕头海关关史陈列馆，潮海关见证了一百多年来汕头埠的风云变幻。它背后深藏着许多故事，我们一起去找找吧！

 那我们先去找找妈屿岛上的潮海关旧址吧！

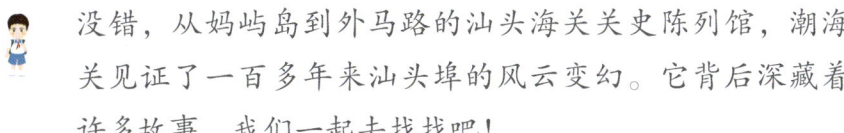

妈屿岛上潮海关的旧址可是很神秘的，请你赶快出发，试试能不能找到它！

剪纸：《年年有余》
（连奕帆6岁）

04 汕头海关关史陈列馆

🧒 潮海关旧址现在居然是一座废墟,真可惜不能一睹它昔日的风采!

👦 太可惜了!涵涵你还记得我说过潮海关曾经两度迁址最后搬到了外马路吗?

🧒 记得记得!难道外马路上留有潮海关的印记吗?

👦 没错!事不宜迟,我们赶紧出发去海关关史陈列馆寻找潮海关的踪影吧!等会儿我给你讲讲它的故事。

汕头海关关史陈列馆(本书作者摄影)

现在我们所处的汕头海关关史陈列馆曾经是潮海关办公的地方,俗称"海关大院"。在20世纪90年代之前,对于汕头人来说，居住在这里是一件值得骄傲的事！因为在当时，海关大院是带有花园和门卫的高级住宅区，同时也是潮海关外籍高级官员在市区的住所。这个地方既是近代外国人把持潮海关管理权的见证，也是研究潮汕地区近代欧式建筑和海关史的代表性建筑。

1955年，海关关史陈列馆的天台惨遭国民党飞机炸毁。后来重建时，天台的"米"字窗被改建成实体女儿墙，用来维护天台安全，防范雨水渗漏，但却失去了一大特色。幸而如今在修缮时又恢复了往日面貌。

真幸运，还能看见旧时的建筑！这些建筑经历百年沧桑，承载厚重岁月，是近代潮汕的重要史迹。

与潮海关相关的故事到这里就告一段落了。下面我们马上出发，到岩石去了解更多的开埠故事吧！

亲爱的同学，海关关史陈列馆中陈列着一块"潮海关地界"石碑，是汕头开埠的重要见证，请你找到它，给它拍张照片。

剪纸：《潮海关钟楼》
（郑一熙 7岁）

05 英国领事署

- 涵涵,我们现在来到了礐石,哇,风景真美啊!你知道开埠时期礐石的故事吗?

- 知道一点。早在汕头开埠时,礐石就因风景优美而引起了英、美、德等国家的兴趣,他们纷纷将领事署和洋行设在了礐石。

- 我们去英国领事署旧址看看吧!

英国领事署旧址

汕头开埠后,帝国主义列强纷纷占地修教堂、办学校、设医院、建领事馆。英国领事署设立于1862年,是在汕头最早设立的外国领事馆之一,旧址在濠江区礐石海旁路5号。开埠初期,英国首任领事看中了礐石得天独厚的地理位置,把原来设在妈屿岛的领事署移到了礐石。

这幢建筑是典型的欧式建筑，它的底层是用石板架空起来的，墙体用砖石砌成。领事署楼顶是中国传统建筑瓦木歇山屋顶造型，西式的金字屋架，搭配传统的潮汕三角形瓦筒、素瓦片，充分融合了西方和潮汕的建筑特色。

领事署主楼和附楼建筑物四周都有内走廊，落地式双层木门窗，室内外装饰全部为西方传统建筑风格。每一个房间都设有壁炉，壁炉连接烟囱，直接通向屋顶，体现了典型的西式建筑风格特征。

这些西式建筑穿越一百多年历史保存至今，是汕头开埠史的见证，也为礐石渲染上浓厚的海洋文化气息。

参观完英国领事署，我感受到了汕头百年开埠历史也是中西方文化交融的历史，风卷云烟，领事署也转换了角色。

是的，现在的英国领事署在城市拔地而起的高楼大厦和车水马龙中显得普通平凡，静静诉说着时代的变迁。

请你搜集资料，看看现在的礐石还有多少开埠建筑遗存吧！

剪纸：《花开富贵·大红牡丹》
（刘子昱 7岁）

06 太古洋行

 亮亮，你看，这座洋楼看起来好气派！

 是呀，来之前我已经先做过功课了，这是原来太古洋行的海员宿舍。

 我们现在就进去看看！

太古洋行

　　太古洋行这个名字听起来既中式又西式。它有什么神奇的故事？太古洋行1867年成立于上海，1870年总行改设于香港。它的英文名为Butterfield and Swire Co.，是一家老牌英资洋行，以船舶运输为主营业务。

　　从前，英商是中国航运业的主要外商，其中更是以太古为首。据记载，英国太古公司在清代时被称为中国轮船公司。它还经营着太古兴记轮船公司、太古造船所、天津驳船公司、永光油漆公司以及太古制糖公司,业务很广泛。

随着贸易增加,太古洋行在崖石海旁路建造了起居舒适、景观一流的海员宿舍。聪明的你,应该可以猜到,这座宿舍就是我们今天看到的海军汕头水警区招待所1号楼。

那么,再让我们一起来看看这座名建筑是什么样子吧!如果我们推门而入,映入眼帘的是一座二层混合式结构、大回廊平屋顶新古典主义风格建筑,设有网球场和门卫房。为了适应汕头的气候环境,洋楼底层架空,能通风散热、防潮排水。整个建筑从内而外布局严整,厚重大气,充满浓郁的异国情调。

> 时间的力量真是强大,当年位于崖石海边的太古洋行大楼,熙熙攘攘,门庭若市,如今只剩下这座大楼静静地矗立着,向我们诉说开埠的历史。

> 是的,洋楼依然书写着、记录着、保存着汕头开埠的记忆,反映了历史的深沉。

活动园

太古洋行还有什么样的故事?它发行的"太古庄"银票在当时的华南是可以流通的哦!请你搜集有关太古洋行的故事,跟爸爸妈妈讲一讲吧!

07 潮海关副税务司公馆

- 涵涵，潮海关副税务司公馆就在礐石"医生顶"。

- 嗯，我听说那是潮海关外籍高级官员的住所，是汕头开埠商贸繁华的一处见证。

- 是的。下面，我们一起来了解潮海关副税务司公馆的故事。

潮海关副税务司公馆

1860年，潮海关在妈屿岛上设立。你可能要问：潮海关已经设立在妈屿岛上，为什么还另设公馆在礐石呢？别急，这就告诉你！

一方面，因为在妈屿岛潮海关存放的税银被抢劫，所以新关署税务司多次呈请总税务司，请求潮海关移驻汕头市区；另一方面，汕头开埠后，外国商人、领事先后到礐石选址，修建公馆、行栈[1]。就这样，岩石热闹了起来。

1865年9月，得到清政府总理各国事务衙门的批复后，总税务司在汕头市区建新关、海关官员宿舍，在岩石购地建造副税务司公馆。

潮海关副税务司公馆是潮汕地区保存较为完好的近代西洋建筑之一。这座小洋楼依山势而建，底层后壁靠山，地层结构为石板架空层，冬暖夏凉、防潮防湿，有储藏的作用。

公馆是长方形结构，它由两层英式混合结构的红砖主楼、观景平台、配套小花园等构成，建筑面积有700多平方米，有地下室，半圆式拱券顶大窗，透光通风明亮。

亮亮，参观潮海关副税务司公馆，我想到了一种说法：历史就是一栋栋拔地而起的建筑。

是的，这座时光里的小洋楼，守住记忆，守住历史，我们后人才不会遗忘历史呀！

你找到潮海关副税务司公馆了吗？拍照、打卡留念吧！

剪纸：《红桃粿》
（李彦成 7岁）

---

[1] 行栈：代人存放货物并为人介绍买卖的地方。

08 汕头外马路

 快来快来！我们马上出发，去外马路了！

 外马路曾经是老汕头的一条非常繁华的主要道路，道路有点弯曲，是汕头历史最悠久也最具风情的道路。

 我们就从一个个地标开始我们的打卡旅程吧！

外马路

第一站，汕头开埠文化陈列馆。它位于外马路与永平路交界处，坐西南向东北，是一座三层的欧陆式建筑。汕头开埠文化陈列馆浓缩展示了汕头开埠以来城市的发展，反映了开埠的历史脉络、开埠的意义以及开埠带来的繁荣气象。

第二站，工商银行大楼，位于外马路71号。民国时期，这里是广东省银行汕头分行的办公大楼。汕头解放后交由人民银行办公，后来，又转归工商银行使用。整座大楼是一个圆弧形，大楼主体是三层（局部四层），整座楼宏大气派。大楼里很大部分的装饰材料，还是民国时期保留下来的。

第三站，汕头市外马路第三小学（简称"外马三小"），这是同文学堂的旧址，1888年建，是一座三进两天井的祠堂中轴式建筑。1900年，爱国志士丘逢甲设立了同文学堂，翻开了汕头新式学校的篇章。1926年2月1日，周恩来在汕头市外马路东江各属行政委员公署门口公布就职通告；同年2月22日又在此举行东江各属行政会议。

第四站，汕头市东征军革命史迹陈列馆。陈列馆被包围在外马路207号的围墙中，是国民革命军东征军总指挥部、政治部旧址，也是汕头保存得最完好的革命遗址。第一次国共合作期间，蒋介石和周恩来曾在此处办公。这里绿树掩映，鲜花环绕，两栋欧式的小红楼矗立其间，别有一番风情。

外马路是一条值得慢慢走、细细品的道路。那里还有许多故事等我们去发现。

嗯，我喜欢外马路，走在这里，就像漫步在历史里。

走在外马路上，你发现了哪些与汕头开埠有关的建筑或地标呢？请写一写。

09 汕头邮政总局大楼和汕头大厦

 涵涵,你知道汕头开埠以来的第一所自建邮局在哪里吗?汕头商埠最高的一座标志性建筑又是什么呢?

 亮亮,这个我确实不知道,你跟我讲讲吧。

 好,你跟我来,我们继续游览外马路。

汕头邮政总局大楼(本书作者摄影)

汕头邮政总局大楼是一座典型的欧陆风格的两层建筑,外墙用巨石垒砌,雄浑气派。初看起来它不像是邮局,倒有些银行的样子。不过它门前的两个邮筒,一个上面写着"大清邮政",另一个上面写着"民国邮政",还是可以让我们知道这座建筑的身份。游客们喜欢用邮筒作为背景自拍,感觉好像是走进了历史。

汕头邮政总局大楼是汕头开埠以来的第一所汕头自建邮局，人们称呼它"老安平邮电局"或者"安平邮局"。大楼坐落在繁华的外马路，气派十足，见证了汕头、广东乃至中国的邮政通信发展历史。

它是当年汕头邮政的标志性建筑，也是当年汕头市最为雄伟壮观的建筑之一。

走出汕头邮政总局，我们再来看看当时汕头开埠最高的建筑——汕头大厦。汕头大厦高达八层，是一幢中西合璧的民国风格建筑。

"中央好架势，永平好布置，陶芳好鱼翅，中原好空气。"说的就是当时汕头酒楼业中最出名的四家，其中"永平"指的就是这座"汕头大厦"。

从1933年建成以后的很多年里，它一直是当时汕头商埠最高的一座标志性建筑，因此取名为"擎天酒楼"，后来改为"新永平酒楼"，跟永平路口的"老永平酒楼"区别开来，汕头解放后改名叫"汕头大厦"。

据说，当年汕头大厦内部装修极其豪华：有进口的英式电梯，有一套套的酸枝木餐桌椅，还有金碧辉煌的灯饰。餐具也极其讲究：象牙筷、玻璃器皿……因此，当时很多人经常在这里聚会，宴请宾客。

如今，汕头大厦的外墙已经完成修缮，人们希望它能够恢复营业。永平酒楼也正在修缮中，希望这些宝贵的遗迹能够对公众开放，也能一直保存下去。

历史的车轮不断向前,旧的大楼也在新的时代中不断发出新的光芒。

嘻嘻,如果真的重新营业,我要让爸爸妈妈带我去看看。

你找到汕头邮政总局大楼前的邮筒了吗?跟它们拍张合影留念吧!

剪纸:《汕头小公园》
(黄恺琦 11岁)

- 从喧闹的公园路拐进小巷子，就会看到一栋由砖石砌成，以红色为主色调的建筑，它的主人是澄海人林桂园，因而被称为桂园。

- 我知道，它其实原名是林桂园堂，建于1923年，在现在的公园路23号。它可是见证了汕头重要革命历史的老建筑！

- 那今天我们就一起来走近桂园，倾听桂园的故事。

桂园（本书作者摄影）

同学们，在革命岁月里，桂园作为一个重要的指挥中心，有多位重要领导人曾驻居于此。国民革命军东征时，东征军总指挥蒋介石及夫人曾住于此；八一南昌起义南下部队进入汕头之时，周恩来和邓颖超也曾在桂园居住过一段时间。这里也是潮汕"七日红"红色政权的所在地。

桂园从建筑设计、建筑结构到建筑艺术、建筑特色都体现了潮汕开埠后的对外交往与开放，是一处中西合璧、特点突出的近代建筑物。2016年，年久失修的桂园在各方的努力下进行了修缮，最大限度地保持原貌。楼层的雕花水泥窗，是专门请人铸泥成型的；室内的红色地砖也是专程到外地厂家订制的。翻新后的桂园特别添置了硅胶塑像，再现了周恩来工作、生活的场景，馆内征集的各种民国时期家具、物品，高度还原了当时的历史场景。

如今，这座建筑以全新的面貌展现在市民眼前，无声地诉说着当年那段辉煌的革命历史，也让汕头这座城市增添了历史的厚重感。

 我感到，桂园参与的那一段革命历史，使得它的幽静平添了几分厚重感。

 是的，看着桂园中的场景塑像，我觉得似乎对周总理了解更多了呢！

亲爱的同学，在汕头，还有许多英雄的革命圣地，你还知道哪些？

医疗教育篇

同文学堂

11 外马路的教堂

🧒 涵涵,你看,外马路上这么多风情各异的西式建筑,还有这么多教堂。

👧 我们了解一下它们有着什么样的故事吧!

🧒 时光旅行机开启了,朋友们快来!我们出发啦!

1860年开埠的汕头,西风东渐带来外来文化。矗立在汕头市区的教堂,彰显了当年这座城市的洋气。今天,我们的时光旅行就来了解教堂的故事。

锡安堂

我们第一个到达的教堂是锡安堂。1856年,宾为霖牧师及戴德生来汕。他们起初在街头诊病、传教。宾为霖是第一位来汕的传教士。同年,师饶理来汕协助传教,并于1858年购买海边竹脚地建锡安堂,锡安堂成为汕头第一所基督教礼拜堂。这所礼拜堂在现在民权路口与外马路的交界处。1991年在原地重建市西堂。

锡安堂(本书作者摄影)

汕头老话说:"先有锡安堂,后有外马路。"这是因为当时的锡安堂建成时,外马路还只是靠近海边的一块沙洲地,后来才形成了一条马路。

天主教若瑟堂

天主教若瑟堂

大家知道天主教是什么时候传入汕头的吗?对了,就是1870年。1908年,法国神父都必师在现在外马路红星一巷建成了一座若瑟堂,这是汕头市区天主教的主教堂。1918年建成的老市区天主堂,是法国天主教粤东教区主教的居住地,称"主教楼"。

 亮亮,这样看来,西方传教士试图将他们信奉的宗教传入中国,想要在思想上教化中国百姓,当时建了不少教堂。

 是的。不过这也从另外一个方面说明了当时汕头中西方文化的部分融合。

你还听说过哪些西式建筑的故事?欢迎跟大家分享。

剪纸:《红桃粿》

(赵雪甯 6岁)

12 福音医院

汕头第二人民医院的前身是"福音医院",以前曾经流传着"北有协和,南有福音"的说法。

哇!那今天我们来听听福音医院的故事吧!

福音医院有何来历

福音医院正门

一直以来,汕头有着深厚的中医传统。开埠后,随着舶来品一起来到汕头的,还有各种身份的洋人,他们中很多是传教士。为了传播基督教,更为了扩大西方文化的影响,传教士们在汕头建教堂、学校、医院等,客观上促进了汕头西医、西药的发展。

据记载,1863年,基督教英格兰长老会派传教士吴威廉在汕头市区筹办西医诊所,他是来潮汕地区的第一位医疗传教士。1867年,福音医院正式成立,这所医院也就是现在汕头市第二人民医院的前身。它不仅是粤东地区第一所西医医院,也是潮汕地区第一家收留救治麻风病患者的医院。

潮汕地区开启了西医学教育

福音医院（来源：汕头开埠文化陈列馆）

福音医院开办后，老百姓逐渐接受了新奇的"西洋医术"，医院声名鹊起，病人数量显著增加。可问题也随之而来了，西医药专业技术人员根本不够，无法负担逐渐增长的病患数量。这治病的问题可怎么解决啊？

据资料记载，为了解决人才稀缺的问题，福音医院开始培养本土的医学助理。吴威廉医生在医院附近租了一间小房子，把它改造成一间小课室，有3名中国学生在这里学习西医解剖学、药物分析和外科手术等课程。由此开启了潮汕地区的西医学教育。

西医在潮汕地区不断生根开花

1879年时，莱爱力医生来到汕头，并在此工作了40多年。他给中国的学生传授包扎伤口、分配药物及施行小手术等医学技能。

医院的发展，不仅需要人才，也离不开财力的支持。那时汕头富商陈雨亭捐赠了6000银洋给医院，福音医院利用赠款扩大了规模，一间总院、一间女医院在1903年2月同时落成。

医院有了一定规模，西医们也陆续来到汕头。1903年，医疗传教士怀敦干受英长老会差派来到汕头福音医院。来汕后的20年里，怀敦干医生大力培养本地西医人才，西医在潮汕地区生根开花了。

1924年,英国麻风病治疗专家斐义礼医生来汕。1932年,他主创了麻风病治疗方案,当时该方案被作为中国麻风病治疗标准向全国推广。

福音医院退出历史舞台

1941年,太平洋战争[1]爆发后,福音医院被丧心病狂的日军严重破坏。1946年,遭遇过严重摧毁的医院重新开办,仅存的33张病床,使其成为当时汕头唯一可容纳病人住院的医院。

1949年10月,汕头解放,外籍医务人员和传教士纷纷离开中国。1953年,福音医院董事长郑少怀牧师将福音医院移交给了市卫生局,标志着福音医院86年历史的结束。

原来福音医院有着这么悠久的历史。

嗯,我觉得福音医院对当时汕头西医的发展还是有着较大促进作用的。

同学们,这些年,我们总提起"文化自信"一词,"中医"更是我们的文化瑰宝,希望大家珍惜与传承我们优良的传统医学文化。

---

[1] 太平洋战争:指1941年12月7日至1945年8月15日,第二次世界大战中以日本为轴心国和以英美为首的盟军之间进行的战争。战争以日本偷袭珍珠港为先导,以日本投降结束,是世界反法西斯战争的重要组成部分。

13 汕头埠学校

- 开埠后,汕头逐渐发展为重要的贸易港口、城市,英才汇聚,人口众多,教育也发展起来了。

- 是的,我知道当时有不少社会力量投入办学,有教会的,有私人的,政府也参与其中。

- 好,今天我们就去看看汕头埠的学校。

汕头二中(本书作者摄影)

聿怀中学(本书作者摄影)

教会办学

汕头开埠后,与许多国家贸易往来逐渐增多,也接纳吸收了许多外来文化。外国基督教会为了在汕头传教,英国长老会、美国浸信会、法国天主教会这三大教会派系,纷纷在汕头创立教会学校。我们一起来看看教会学校的代表吧!

第一所是"聿怀中学堂",也就是如今的"聿怀中学",是汕头历史最悠久的学校之一。1877年,英国基督教长老会创办"聿怀"宗教学校,校名出自《诗经·大雅·大明》里的"维此文王,小心翼翼,昭事上帝,聿怀多福"。

1929年,陈泽霖先生担任聿怀中学校长,这意味着聿怀中学正式由中国人自己管理。1937年,抗日战争全面爆发,聿怀中学转移到揭西县五经富镇坚持办学,至1945年战争结束时迁回到汕头。1953年,聿怀中学更名为"汕头市第三中学",1985年恢复"聿怀"校名。

聿怀中学不但历史悠久,更享有"一校六院士"的美誉。"中国核潜艇之父"黄旭华、著名电机专家饶芳权等6位院士都曾是该校学生。

另一所学校是汕头二中,原先也是教会学校,它的前身是法国天主教会成立的私立若瑟初级中学和私立晨星女子中学。

私立若瑟初级中学是法国天主教会在1920年筹建、1921年成立的。私立晨星女子中学是法国天主教会在1938年创办的。1952年9月,这两所学校合并为"汕头市第二中学",也就是今天人们耳熟能详的"汕头二中"。

私人办学

教会办学,对潮汕地区特别是对汕头教育的发展起到一定的推动作用,但它们更多的是为了传播教会思想。民国后期,中国人民反

华英中学堂(来源:汕头开埠文化陈列馆)

侵略斗争越来越激烈，为此很多有教会背景的学校逐渐撤出汕头。紧接着，私人办学崛起。

早在1897年，潮汕富商陈雨亭就投资创立了华英学堂，后来继续投资建立华英中学堂。1927年秋，华英中学堂更名为"汕头市立第一中学"。直到1949年，人民政府接管汕头市立第一中学，改名为"汕头市第一中学"。多年来汕头一中英才辈出，灿若星河，历来以"校园美、校风好、质量高"在省内外享有盛誉。

"汕头市私立海滨中学"也特别有名，就是现在的"汕头华侨中学"，是汕头市第一所华侨中学。1932年，学校创始人、首任校长黄勖吾在父亲支持下，出全资回家乡创办海滨师范学校。1935年，该校改名为"汕头市私立海滨中学"；1950年，更名为"汕头市私立华侨中学"；1952年，改校名为"广东汕头华侨中学"。侨中培育出众多的学界专家、政界精英，为汕头教育留下浓墨重彩的一笔。

新式学堂

1901年，清廷颁布新政，宣布将书院改为学校。1906年科举制度废除，新教育模式在中国推广。汕头作为近代中国最早对外开放的港口城市之一，商业贸易比

同文学堂（本书作者摄影）

较发达，在侨商、洋商和朝廷强大力量的推动下，新式教育在潮汕地区迅速发展。1901年以后在汕头兴起的官办新式学堂，多数由商人出资兴办，晚清的汕头也因此成为潮汕地区的现代教育中心。

1901年，丘逢甲联络了粤东开明士绅设立岭东同文学堂（简称"同文学堂"）。1902年，丘逢甲奏请朝廷批准岭东同文学堂为官立学堂，命名为"奏办岭东同文学堂"。

现在的外马三小，就坐落在同文学堂旧址之上。走进外马三小，你能看到周恩来总理的雕像。在1926年大革命时期，外马三小曾经是东江各属行政公署的所在地，周恩来总理在这里工作过，留下了光辉的革命足迹。

亮亮，你看，各种办学力量使得潮汕地区不仅在教学内容和教学方式产生了改变，而且极大地促进了汕头埠教育的发展。

是呀，丰厚的人文积淀造就了一方沃土，也激励着后辈不断奋勇拼搏！

亲爱的同学，丘逢甲为汕头埠的教育留下浓墨重彩的一笔。他不仅是著名教育家，也是爱国诗人，请同学们查阅资料，读一读他创作的诗歌。

14 同文学堂有段"古"

亮亮，汕头小公园开埠区的故事可不少呢！接下来，我们一起到外马路第三小学瞧瞧吧。

听说那里是同文学堂的旧址？

是呀，这座建筑是汕头小公园开埠区留存时间最久的一座，也是粤东第一座新式学堂，开辟了清末汕头新式教育的先河呢。

汕头市外马路第三小学（本书作者摄影）

同文学堂的建筑格式是三进两天井，是典型的中式祠堂式建筑。其整体是木结构，黑瓦，屋脊上的嵌瓷非常有潮汕特色，与深色的瓦片对比，鲜艳的色彩显得异常耀眼。正门悬挂的"同文学堂"牌匾，是抗日英雄丘逢甲在1901年时书写的，已经一百多年的历史。

粤东第一座新式学堂

甲午中日战争[1]中国战败,无能的清朝政府把台湾割让给日本。"四百万人同一哭,去年今日割台湾",这名句就是爱国诗人丘逢甲所写。他曾领导义军抗日保台,可惜失败了,于是离开台湾,来到了大陆,决心兴办新式教育事业。

1899年,丘逢甲在潮州创办东文学堂,可惜不久就停办了。1900年他在汕头创办同文院,1901年,同文院改名为岭东同文学堂,并正式开办。同文学堂的教学理念是中学为主,西学为辅,它借鉴西方以启发学习为主的开放教学方法,开办经学、史学、国文、日文以及化学、生理卫生、算学等新式课程。

为适应形势的需要,除了理论知识的教学,同文学堂注重学生身体素质的锻炼,开创性地开设了"兵式体操"这门课程,学生甚至能够使用枪支弹药练习射击。

开设日语教育

同文学堂以日文作为外语教学,这与当时的大环境不无关系。当时国势日衰,列强瓜分我国土地,国民生活在水深火热之中,知识分子们急切地寻求救国之路。在维新思想的推动下,他们认为唯有效仿日本维新,国人才能自救。除此以外,日文与中文相近,西方近代科学知识日本多有翻译出版,学习新学从日文入手比较容易。总之,同文学堂的创立根本上是为

---

[1] 甲午中日战争:指19世纪末日本侵略中国和朝鲜的战争。因战争爆发的1894年为甲午年,故称甲午战争。这场战争以中国战败、北洋水师全军覆没告终。清政府迫于日本帝国主义的军事压力,于1895年4月17日签订了《马关条约》。

了救国家于水火之中，以振兴中华为重任，它对整个岭东地区的新式教育产生了极大的影响。

爱国主义教育基地

同文学堂不仅在潮汕乃至岭东地区的教育史上声名赫赫，也在中国革命史上留下重要的一页。它为辛亥革命、国民革命培养了不少良才悍将，对潮汕地区的影响很大。

第一次国共合作时期，担任东征军政治部总主任的周恩来同志就曾在这里办公。1926年，这里举行了东江各属行政会议，提出了一系列振兴潮汕当地发展的革命措施。

当时的《政治周报》曾载文盛赞这次会议是"人民实行参与革命政治之第一步，即政府与人民合作之先声"。

涵涵，据我了解，同文学堂可是培养了非常多的人才，我对他们充满了好奇，有机会，我们接着查找他们的故事吧。

好啊，说好了，这个周末我们就去图书馆查一查。

活动园

一百多年过去了，同文学堂始终矗立在外马路边，我们去走走、看看。

剪纸：《红鲤鱼》
（李瑾 6岁）

经济产业篇

小公园

15 红头船公园

- 涵涵，开埠后有许多潮汕人乘坐红头船离开家乡，到海外谋生。今天，我们就去红头船公园吧！

- 好，让我们一起了解汕头开埠后汕头人出洋谋生、回馈家乡的故事。

- 你看，在公园，第一眼就能看见这艘有着朱红色船头的帆船。

红头船公园

当时不少生活于艰难困苦中的潮汕人，搭乘着船头油刷朱红色、画着两颗大眼睛的大型木帆船出洋求生，这样的船叫作"红头船"。红头船在海上行驶，像一条浮在水面的大鱼。我们脚下的红头船公园，位于汕头市澄海区韩江支流外砂河北岸，展示的是潮汕人精神——"团结、拼搏、拓展、创新"。

红头船公园建在澄海，这是因为澄海是红头船的家乡，著名的澄海籍作家秦牧先生在《故里的红头船》一文中写道："那就是有一种船，船头漆成红色，并且画上两颗圆圆的大眼睛。木船本来就有点像浮出水面的鱼。画上这么一对眼睛，鱼的形象就更加突出了。听长辈们说，这叫做'红头船'。"从前粤东的居民，就是乘坐这种靠风帆行驶的红头船出洋，前往东南亚各国。红头船上不仅承载了昔年潮汕人远渡重洋，到海外谋生，艰苦创业，开创繁荣局面的动人故事，也是海内外经济文化交流的象征。

"红头船"是我们的先人出海谋生的工具，也联通了古代海上丝绸之路。昔日潮汕人乘坐着它漂洋过海，四处谋生；今日它承载着满满思乡情，成为华侨同祖国联系的亲情纽带。

哇！没想到红头船的含义这么丰富，我们一起去了解红头船公园和汕头开埠之间励志动人的故事吧！

嗯，涵涵，我想去找找"过番"歌谣了解了解。

亲爱的同学，你找到了什么"过番"歌谣？跟小伙伴分享一下吧！

剪纸：《红头船》
（杨浩杰 6岁）

16 "卖猪仔"的故事

- 亮亮,了解了红头船的故事,我给你讲讲"卖猪仔"的故事吧!

- 什么是"卖猪仔"?是不是卖小猪?

- 不是的,亮亮,"猪仔"其实是人,"卖猪仔"其实是罪恶的"契约华工"贸易。

"卖猪仔"(来源:汕头开埠文化陈列馆)

潮汕人远涉重洋,除了自由"过番"到海外谋生,还有一种情况是被"卖猪仔"。

"猪仔"指的是"契约华工"。从19世纪到20世纪初,西方殖民主义者时常在我国沿海地区诱拐、劫掠普通老百姓去当劳工。老百姓一被掳拐,就像被贩卖的猪仔一样,丧失自由,备受虐待,甚至被折磨致死。在海上时,他们被囚禁在船舱中,条件恶劣,死亡率高。之后,他们被转卖到庄园、矿山中过着非人生活。汕头开埠的历史也包含着"卖猪仔"那段潮汕地区惨痛屈辱的历史。

汕头南澳岛和妈屿岛，成为了"卖猪仔"这种罪恶的人口贩卖活动集散地。据统计，1852—1858年这7年间，从汕头掠运出洋的苦力多达4万人，妈屿岛海滩上被抛弃的苦力尸体，有8000多具，其中还不包括跳海自杀的人。汕头开埠后，在招工合法化的伪装下，西方国家在这里通过诱逼手段招了一批又一批的契约华工，给万千家庭带来深重苦难。

后来，买卖"契约华工"的贸易逐渐终止。潮汕人自由"过番"的生活选择没有停止，人们求生存、求发展，到海外创业、谋生，在"番畔"艰苦奋斗，用自己聪明的才智和辛勤劳动开创新天地。

 "卖猪仔"真的是太可怕，太残忍了。好在新中国成立了，我国人民从此站起来了，罪恶的"卖猪仔"贸易也由此终结了！

 而且，新中国成立后，有了祖国做后盾，潮汕人开拓海外市场的步伐也更加坚定了！

活动园

昔日，多少潮汕人背井离乡，乘着红头船出洋谋生。请你采访身边的长辈，了解他们记忆中的"过番"故事并记录下来。

17 轮船公司的建立

- 涵涵，来到红头船公园，我们最不能忽略的就是"船"这一交通工具了。

- 我从小到大坐过好多船，公园里踩着前进的小船，横跨市区与岩石的邮轮，小河里的木船……

- 哈哈！真有趣！今天我就带你一起了解汕头开埠以来的航运发展史。

汕头港的通商船只（来源：汕头开埠文化陈列馆）

19世纪以来，汕头埠的远洋航运主要使用的是人力木帆船，船板比较薄，机动性差，难以抵抗海上的狂风巨浪。当时西方用的夹板船和轮船克服了上述缺点，有着巨大的优势，这导致了汕头来往南洋各国的航运市场份额逐渐被蚕食，国内航运也受到了外国航运公司的挤压。

汕头本埠的航运业在欧美各国轮船的冲击下，竞争力急剧下降。1872年，中国最早的航运企业轮船招商局在上海正式创办，伊敦号首航汕头，同时两次在汕头增建货运仓库，扩大航运业务，这促进了汕头本埠的航运业的发展。

1890年，潮阳巨商萧鸣琴创办了汕揭潮轮船公司，这是汕头创办较早、规模较大、航运最久的民营轮船公司。同年，汕头汽船公司成立，这是中国人的联合股份企业，经营管理方面，不受官方指挥束缚，几乎垄断了有利可图的客运业务。新的交通工具提供了更为安全的航行条件，扩大了客运量。在欧美及日本航运公司的夹缝中，汕头本埠的航运业顽强地生存、发展，为日后汕头航运业的发展打下基础。

与此同时华侨邱忠波、郑智勇等开设的航运公司也在汕头航运发展史上留下了浓墨重彩的一笔，推动了汕头航运业的发展。

哇！当时国家和汕头人民为了创办自己的轮船公司，发展自己的航运业，做出了许多努力！

是的，汕头开埠以来航运的发展离不开海内外潮汕人的共同艰苦奋斗。

亲爱的同学，伊敦号轮船的模型就藏在汕头开埠文化陈列馆里，你找到它了吗？

剪纸：《潮汕红头船》
（黄逸 11岁）

18 簧利家族

 亮亮，你知道陈慈簧吗？

 我知道！他是很富有的华侨。他的家族也叫簧利家族，第二次世界大战前是泰华八大财团之首。

 是呀，我们一起看看陈慈簧的事业从哪里开始的吧！

　　簧利家族的奠基人是行驶过红头船的"船主佛"陈焕荣。1840年鸦片战争后，时局艰难，人们的生计很难维持。于是，陈焕荣外出务工，在红头船上当了舵工，往返于中国和南洋之间。陈焕荣因为航行技术娴熟、经验丰富，所以有些积蓄后就自己买了船当船主，人们称他为"船主佛"。

　　"船主佛"陈焕荣的红头船经过泰国、新加坡和我国香港等地，把泰国的大米运到这些地方出售，又把汕头等地的特产运到香港、曼谷、新加坡等地贩卖。这不仅促进了这些地区的物资交流，自己也赚了不少钱。

　　"船主佛"陈焕荣有三个儿子，长子就是陈慈簧。陈慈簧因为精明能干，所以十来岁就成为父亲的得力助手。后来，陈焕荣因为过于辛劳，身体不适，就把香港乾泰隆行交给长子陈慈簧全面掌管了。

陈慈黉认为暹罗（今泰国）自然资源条件很好，非常适合建基立业，于是他在1871年到暹京创设黉利行。在他的努力下，家族的生意进入全盛阶段，"黉利家族"由此闻名。

正是这种"爱拼才会赢"的精神让陈慈黉的家族这么富有呀！

是的！他不但非常富有，而且热心慈善事业。接下来我们去了解他乐善好施的故事吧。

活动园

亲爱的同学，汕头开埠时期，我们的发展离不开许多爱国潮汕华侨的帮助。你能说说还有哪些爱国潮汕华侨吗？请你写一写。

19 "慈黉爷起厝"

- 涵涵，你去过隆都镇前美村的陈慈黉故居吗？

- 我去过！这是华侨陈黉利家族在家乡建造的许多宅第的总称。还有"慈黉爷起厝"的俗语呢！

- 是的，我们一起来了解陈慈黉建造房子的故事吧！

陈慈黉故居

陈慈黉的父亲陈焕荣是在家乡度过晚年的。回乡后，他乐善好施，兴学育才，重修了家乡的村道和祖先的房屋。他还在故乡前美永宁寨营造宅邸，可惜工程没完成就去世了。

在陈焕荣去世后不久，陈慈黉继承了父亲未完成的事业，终于建成了巨宅。而且他七十岁以后又开始在永宁寨寨外的东南面营造规模更大的新宅。新宅占地1.5万平方米，是一座有158间厅房的"郎中第"。

难以想象的是，这么大的工程居然不用任何具体的图纸及方案。参与建造的老人说，当时只请了风水先生相地，然后凭陈慈黉的兴致和工头的竹竿，建到哪算哪，不合心意就推倒重建。这间巨宅有多大呢？当时一位专职开关的仆人，一早就挨门挨户开窗通气，全部开完已是中午，午后即逐个关上，到晚上还常常忙不过来。可见这座宅子的庞大。

陈慈黉不在意工程的进度，对待建造者的态度也极为宽厚和善。当时，无论是什么人，只要拿得起工具都可以到工地来干活，无论干多干少，一天一个银元的工钱照给。如果发现你干快了，还会问你家里是不是有事，有事就先去办，工钱照付。

这么说来，这几座巨宅建造了几十年，不知养活了多少人呀！

怪不得"慈黉爷起厝"还有"富而好施，慢工出细活"的意思，就这么成为澄海的俗语呢！

汕头开埠留下了许多有趣的俗语，你还知道哪些俗语呢？

剪纸：《花篮》
（张玥莹 6岁）

20 胸怀民族大义的高绳芝

亮亮，你听说过高绳芝吗？

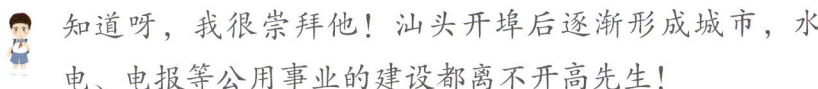知道呀，我很崇拜他！汕头开埠后逐渐形成城市，水、电、电报等公用事业的建设都离不开高先生！

看来你很了解哦！快给我们讲一讲吧！

高绳芝原名高秉贞，历任汕头总商会会长、汕头民政长、全潮民政财政总长，是清末民初潮汕著名的华侨实业家和社会活动家。

1908年，高绳芝引进先进织布机械和技术，在澄海创办振发布局，发展本地民族工业。高绳芝又投入巨资，创办了汕头开明电灯公司和汕头自来水公司。汕头自来水公司的开办，改善了工商业的生产、经营条件，方便了汕头人民的日常生活，更保障了汕头人民的健康。随着汕头工商业的不断发展，开明电灯公司也一再扩大规模，满足城市用电需要。高绳芝创立的公司对潮汕地区的发展贡献很大。

1909年，高绳芝架设了一条汕头和澄海之间的私人电话线路，这是潮汕地区第一条长途电话线路。后来他扩大投资，增加设备，办起了汕澄电话公司，成为潮汕民用电话的起源。这样，汕头已经具备了水、电、通信等基础设施，极大地加速了城市经济的发展。

高绳芝还在汕头创办了锦发、昌发两家机器榨油厂，同时还投资填海，扩大市区面积。

爸爸告诉我，工业性投资投入巨大，回收慢，政局动荡时风险大，高绳芝有远大的政治眼光和振兴民族工业的雄心，才会这么做。

是呀，高绳芝等爱国华侨的努力，为潮汕民族工业的发展奠定了基础，使汕头初具城市规模。

活动园

高绳芝在潮汕创办了很多实业，请你搜集更多高绳芝的故事，讲给小伙伴听听。

21 高绳芝纪念亭

- 涵涵,你知道吗,中山公园有一座高绳芝纪念亭(简称"绳芝亭")。

- 是的,这是为了纪念他支持革命和兴办市政设施的功绩。

- 我们一起去绳芝亭,继续探寻关于高绳芝先生的事迹。

绳芝亭(本书作者摄影)

高绳芝胸怀实业救国理想,把汕头作为创业的开拓地,回乡致力于兴办实业和社会公益事业,先后出资创办了汕头自来水公司、汕头开明电灯公司、汕澄电话公司,使当时的汕头具备了水、电、通信等基础设施,加速经济发展,促进社会繁荣,为汕头的城市化进程做出巨大贡献。

高绳芝认识到必须进行社会变革,国家和民族才有出路。

他支持革命工作，坚决站在孙中山先生等革命党人一边，惠州起义时，高绳芝秘密捐款2万银元作为军费。黄冈起义时，他又负责后勤工作，出钱出力。辛亥革命全面爆发后，高绳芝又拿出10余万元银元作为军费。

辛亥革命推翻清朝，建立了中华民国，但是有13支自称是革命党人的军阀来到汕头，相互争夺地盘，谁都想得到更多的好处，谁都不肯听别人的，一片混乱。为了地方安宁，高绳芝又出钱出力、尽力安抚，成功劝说部分军阀退出汕头，使百姓免于战乱。

遗憾的是，高绳芝因为操劳过度，心力交瘁，病情加剧，于35岁不幸逝世。

高绳芝病逝后，被批准为丁未"着花红"烈士。

是的，他是在参与丁未黄冈起义被迫逃亡后去世的，丁未"着花红"烈士的称号就是在表彰他对革命的贡献。

亲爱的同学，汕头中山公园风景优美，除了绳芝亭，其中还有不少人物雕像。你知道他们是谁吗？请写一写。

22 "万金油之王"胡文虎

- 亮亮,这是虎标万金油,是奶奶听说我们俩在实地寻找开埠故事,怕我们中暑,特地给我的。

- 虎标万金油?我知道,它可好用了,我奶奶也特别喜欢抹它。

- 是呀。我们去胡文虎大楼,我来给你讲讲它的创始人胡文虎先生的故事吧!

胡文虎大楼(本书作者摄影)

我们就从这个红色小罐子讲起。它和硬币差不多大,罐身正面是一只虎,里面装着黄褐色的药膏,抹一点到鼻子下和脚踝上,精气神一下子就提起来了。这个小红罐子就是当时风靡全国、家喻户晓的虎标万金油。研发、生产这个万金油的,就是民国时期享誉海内外的南洋华商传奇胡文虎,他因此被称为

"万金油大王"。据说胡文虎因为母亲曾被汕头人相救,对汕头有较深的感情。

为了研制出一种能随身携带的防暑便药,胡文虎在父亲"玉树神散"秘方的基础上,借鉴中医、缅医的制药手法,进行近千次的试验,最终成功研发了"虎标万金油""虎标八卦丹"和"虎标去痛水"等药品,在永安堂制药厂生产,畅销中外。

除了研制药品,胡文虎先生善举不断,他捐出开办药堂的盈利,举办各种公益慈善活动,主张"以天下之财,供天下之用"。他还在汕头捐资兴办市立一中图书馆、回澜中学礼堂、市立女子中学校舍和感化厅等。抗战期间,他积极支援救国救民运动,慷慨解囊,支持汕头的抗日斗争,捐献大量虎标药物给前线战士和后方难民,出资支援各项救伤救难的活动。

 涵涵,胡文虎先生对汕头的贡献很大的!

 嗯嗯,胡文虎虽然不是本埠人,但他在汕头的善举令我们感动,真不愧是南洋华侨传奇人物!

亲爱的同学,汕头既是"百载商埠",也是著名侨乡。请你继续了解著名侨商胡文虎先生和他家族的故事,跟爸爸妈妈分享你觉得有意思的内容。

23 胡文虎大楼

 原来"虎标万金油"是这么来的啊!

 是啊,那考考你,你还记得虎标万金油是在哪生产的吗?

 当然记得,是永安堂制药厂。

胡文虎大楼

汕头人常说的"胡文虎大楼"在汕头市金平区瑞平路和民族路交界处,这里就是永安堂旧址。这座足足有六层高的大楼,是汕头开埠初期第一座最高的欧式楼房,也成了旧汕头的标志性建筑之一,承载着汕头百载商埠深厚的文化底蕴。

胡文虎大楼始建于1927年,同学们可以去看看虎标万金油的包装盒,上面就印有这座大楼。它是汕头市区保存较为完整的欧式建筑风格骑楼。大楼中西合璧,环状三层楼建筑造型独特,在三层楼上矗立着一座三层筒形小楼,被汕头市民叫做"楼叠楼"。

　　关于"楼叠楼"有几种传说:一种说法是地基不坚实,"楼叠楼"减轻压力和抗震;一种说法是这座楼象征着胡文虎的事业蒸蒸日上。还有一个说法是,当年的营造厂(即"建筑公司"),作为这项工程的承建方,因为估算工程的价格不准吃了很大的亏,又因为汕头人干事讲究诚信,所以吃亏了也得干。为了让承建方减少损失,胡文虎就想了一个多盖这座"楼叠楼"的圆筒楼的方法,让营造厂可以增加工程量、增加预算。

亮亮,原来胡文虎大楼上筒形小楼的建造,还有这么几种说法啊,真有趣!

是呀,爸爸告诉我,他更认同最后一种说法。胡文虎大楼见证了汕头人的诚信,也见证了汕头人的乐善好施。

　　亲爱的同学,实地考察是很好的学习方式。在父母或老师的带领下,到胡文虎大楼走一走,看一看吧!别忘了拍照记录哦!

24 小公园

- 亮亮，你知道吗？小公园可是汕头开埠区的核心地标哦！

- 是呀，从这些沧桑的建筑里我们看到了悠久的历史，昔日的繁华，仿佛就在眼前。

- 嗯，老一辈的人说："先有小公园，再有汕头市。"可见小公园在汕头开埠历史中的地位举足轻重。

小公园（本书作者摄影）

最早的小公园在20世纪30年代初形成，指的是这片商业区中心的街心绿岛。刚开始时建有假山、喷池，是人们购物时的休息场地。1934年增建了一座中山纪念亭。当时这里的百货大楼（南生贸易公司）集购物、娱乐、餐饮、住宿为一体，是汕头埠发展的一座里程碑，风靡汕头达半世纪之久。

后来，中山纪念亭和小公园都成为了汕头的文化符号。以中山纪念亭为中心的周边一带骑楼商业片区，被人们称为"小公园"，这是狭义的"小公园"。广义的"小公园"，还包括周边的安平路、升平路、国平路等街区，称"小公园历史文化区"。

从地理位置上看，小公园是汕头老城区的核心区域和文化地标。从商业地位上看，小公园见证了汕头开埠之后的发展史，成为展现汕头百载商埠魅力的载体。从文化意义上看，小公园既是汕头开埠文化的发祥地，又是汕头重要的地方文化遗产。值得一提的是，小公园拥有全国唯一一个呈放射状格局分布的骑楼街区，这里也是全国面积最大的一片骑楼群。

 涵涵，看来小公园作为汕头开埠区的核心地标，见证了汕头百载商埠的巨变呀！

 是的，所谓"一个小公园，一部汕头史"。现在，小公园开埠区修缮之后焕然一新，仍然是汕头人心中无法取代的商业区。

活动园

小公园展现了汕头百载商埠的魅力，请你利用课余时间到小公园走一走，拍照留念吧。

剪纸：《小公园亭》
（胡靖泓 11岁）

25 侨资建造的近代建筑

- 涵涵,参观小公园后,我发现这里的建筑风格确实很特别,很多都是中西结合的。

- 汕头是全国著名的侨乡,也是潮汕地区的中心城市。在汕头的老市区,侨资建造的楼房、道路数不胜数。

- 是的,小公园片区是汕头百年商埠的遗存和见证。

骑楼(本书作者摄影)

在小公园及其周围,由华侨投资建造起来的楼房多达2000多座。这是因为近代华侨在汕头的投资以房地产业为主,也投资修建马路,这对当时的城市建设产生了很大影响。

在汕头小公园广场的西南方向,有一座七层的百货大楼——南生贸易公司,由梅县籍华侨李柏桓于1932年出资兴建。它曾是人们逛街买衣服、购买生活用品的大型商场，装饰得很豪华，还配套了汕头历史上的第一部电梯，非常时尚！

在这一片区的街道两旁，大部分建有骑楼。骑楼是20世纪初期南洋城市的建筑模式，有五步宽的走廊，潮汕人称为"五脚砌"。楼上居住，楼下开商铺或作坊，开门见市，临街就可以进行商业交易。这里还有许多小型"竹竿厝""下山虎"和"四点金"等富有潮汕特色的传统民居建筑。小公园一带中西建筑错落其间，显得协调和谐、相得益彰。

小公园还有很多典型的中西合璧的建筑，比如：教堂、邮政大楼、汕头大厦、洋行、海关等。这些建筑的门窗、廊柱上往往装饰西洋风格的花纹，这正是华侨文化和海洋文化相结合的体现。

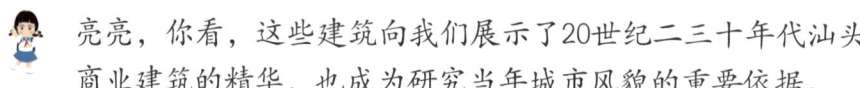

亮亮，你看，这些建筑向我们展示了20世纪二三十年代汕头商业建筑的精华，也成为研究当年城市风貌的重要依据。

是啊，汕头小公园的建筑，不仅是潮汕人民智慧的结晶，还是潮汕深厚文化底蕴的浓缩与见证。

活动园

亲爱的同学，在小公园及其周围，由华侨投资建造起来的楼房和马路有很多，你知道华侨投资修建了汕头埠的哪些马路吗？

26 近代百货业与酒店业

 亮亮，你知道近代时期的汕头，人们要到哪里逛街买衣服吗？

 我知道，我还去过呢！它位于汕头市金平区永平路一号，这一处建筑建于1907年，至今已经一百多岁了。

百货大楼（南生贸易公司，本书作者摄影）

在汕头小公园一带，有四家百货公司——南生、平平、广发、振源。它们都是海外华侨投资创办的。在当时的汕头，这四家真是装修奢华，名声响当当。当时的汕头老百姓，几乎都来这儿逛街买衣服。

这里有当时最大的两家酒店：永平酒店、中央酒店。这里还有几家有名的旅馆：汕头旅社、西南通、富春、东南旅馆。它们都由海外华侨投资经营。

当时，汕头本地的潮商，大多是中小商户。他们在业务上依靠着海外华侨的大商号，以向内地批发与零售为主营业务。因此，在近代汕头，海外华侨是一支重要的队伍，对汕头的行业与经济产生巨大的影响。

由于海外华侨的大量投资，汕头成为了当时国内走在发展前列的商业城市，具有强烈的近代气息。

是的，但汕头的近代气息并不像上海等城市那样是由外国人的殖民掠夺所带来的，而是主要由海外潮商所营造的。

亲爱的同学，请你向你的长辈请教，了解关于汕头小公园南生百货公司的其他故事。

27 中国进步电影先驱——蔡楚生

- 小公园这里，曾经有家著名的大光明影院，记录了汕头的电影史。我们来一探究竟吧！

- 好的。早在1905年，汕头埠就有了电影放映，这催生了一批电影人才，如：郑正秋、蔡楚生、陈波儿、谭友六等。

- 是的。今天，我们就来聊聊中国进步电影先驱——蔡楚生的故事。

蔡楚生（来源：汕头开埠文化陈列馆）

蔡楚生是现代著名的电影编剧和导演，是中国电影史上具有里程碑意义的人物。他为中国电影事业作出了很多贡献，他编导的影片结构完整，逻辑清晰，故事跌宕起伏，人物特点刻画得入木三分，具有现实主义和民族主义的艺术特色，从多角度涉及中华民族传统的伦理道德，传达底层人民群众的心声，揭露中国近代社会的矛盾。

蔡楚生导演的《渔光曲》，传达的思想内容深刻，艺术感染力强，不仅在国内轰动一时，创造了国产影片的票房纪录，还于1935年获得莫斯科国际电影节"荣誉奖"，是中国电影史上第一部在国际上获奖的影片,意义重大。蔡楚生的另一部代表作——《一江春水向东流》(与郑君里联合导演),是我国民主革命时期最优秀的现实主义电影作品,在当时也轰动了影坛,享誉海内外,再次创造了国产影片的票房纪录。另外,他还创作了《迷途的羔羊》《新女性》《共赴国难》等多部优秀电影,受到观众的喜爱。

新中国成立后,蔡楚生就任文化部电影局艺术委员会主席、中国电影工作者协会主席等职位。他在电影上的实践经验和艺术见解,对中国电影事业的发展产生了深远影响。

亮亮,你知道吗,蔡楚生12岁时就被父亲送去当学徒,这期间他不忘刻苦学习书法、绘画、文学,这也为他后来从事编剧和导演工作打下了坚实基础。

嗯嗯,我明白,从小学好本领,长大才能建设好我们美丽的汕头、美丽的祖国。

你了解蔡楚生的其他故事吗?跟伙伴们交流交流。

剪纸:《英歌舞》
(赵宸睿 8岁)

运输国防篇

石炮台公园

28 "古老的城堡"——石炮台

 亮亮,今天我们到石炮台公园去,你跟我们讲讲石炮台的故事吧!

 好,石炮台坐落在海滨路,是一座设计独特的圆形建筑,在护城河围护下,就像一座古老的城堡。

石炮台公园(本书作者摄影)

石炮台正式的名称是"崎碌炮台",已有一百多年的历史。它与岩石的苏埃炮台隔海遥相呼应,扼守汕头海湾的出入口,军事地理位置十分重要,是清代粤东地区抵御外来侵略的主要海防建筑。

汕头开埠之后,外国船只往来无阻,当时的局势不稳定加上海防松散,给汕头百姓带来了严重的不安定因素。当时潮州总兵方耀顺应民意,在汕头建筑崎碌炮台,以加强海防。

炮台在1874年开始动工修建，历时5年，到1879年全部修建好并投入使用。炮台的建筑材料主要为贝灰砂拌煮烂的糯米饭及红糖浆，大门、炮台基础和巷道是使用花岗石块砌筑，这就是"石炮台"名字的由来。作为海防军事建筑，"石炮台"这一名字既生动形象地体现了炮台的建筑特点，同时又有坚如磐石之意。

石炮台是城堡式环形建筑物。城墙基部中间有一条贯通全台、形似拱形门的隧道。城楼上设有点将台和通风通话塔。炮台内墙有石楼梯，人们可以通过石楼梯上下城楼和操场。

建成后的石炮台，四周放置大炮，驻扎士兵，形成一处坚固的海防军事建筑，保障了汕头埠的平安。

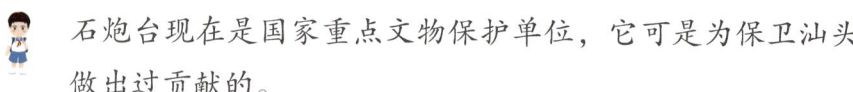

石炮台现在是国家重点文物保护单位，它可是为保卫汕头做出过贡献的。

是的，老师一直告诉我们，虽然现在我们身处和平年代，但是我们依然应该居安思危，只有强大的国防力量才能保障我们的安全！

活动园

请你查阅资料，了解关于石炮台的其他故事或潮汕地区其他海防设施的故事，跟伙伴们交流。

剪纸：《桃红吉祥福》
（姚霖 8岁）

29 潮汕铁路

 涵涵,你知道潮汕地区什么时候开始有铁路的吗?

 这个简单,不就是广梅汕铁路开通的1995年嘛。

 实际上呀,早在1906年就有了一条潮汕铁路了。让我跟你讲讲那段故事吧。

中国历史上第一条民营铁路

潮汕铁路于1904年开始建设,1906年11月25日正式通车。这条铁路位于广东潮州市和汕头市境内,全长42公里,在中国交通史上具有开创性的意义——它是我国第一条华侨集资兴办的民营铁路。虽然它没有与外界的铁路相连通,但在20世纪初的中国,潮汕铁路的修建可是一件大事!

潮汕铁路位于交通要点,控制着福建西南及广东东部出海要冲。此处交通来往频繁,一天的货运量就能达到100吨以上,营业额相当可观,收入几乎可以和日本东海道的铁路相当,是当时中国铁路营业效益遥遥领先的铁路之一。

遗憾的是,1939年,潮汕沦陷前夕,在侵华日军的飞机轰炸下,潮汕铁路遭到严重破坏,当局为了防止日军占有铁路,利用铁路运送士兵和武器,只能下令拆毁潮汕铁路。抗战胜利后,潮汕铁路公司没有足够的资金修缮和恢复铁路,只能在原铁路路基的基础上开辟公路，也就是现在的潮汕路。

潮汕铁路被拆除后，潮汕地区长期没有铁路。50多年后的1995年，广梅汕铁路建成通车。2013年，厦深高铁建成，四通八达的高速铁路网让大家出行越来越方便了。

亮亮，你看，百年前建成的"潮汕铁路"，对潮汕地区经济的繁荣起到了重要作用。

是的，虽然"潮汕铁路"已经不复存在了，但它象征着咱们潮汕人自古以来敢为人先、奋发进取的精神力量。

亲爱的同学，交通是一座城市发展的基础，更是国防军事必备的保障。开埠以来，汕头的交通发展史上有什么大事件呢？请你查找资料，写一写吧！

30 汕头解放桥

- 亮亮，虽然没办法再看见潮汕铁路了，但我要带你去个地方，这个地方跟潮汕铁路有着密切的关系。

- 好，不过我还想了解一下潮汕铁路当年的修筑情况，你知道些什么？快告诉我吧。

- 那我们先看看是谁投资兴建潮汕铁路，又是由谁主持修建的。

解放桥（来源：汕头开埠文化陈列馆）

很多华侨虽然身在他乡，可是一直心系着祖国的发展，张煜南深感当时落后的祖国急需发展交通，于是筹资修建潮汕铁路。

潮汕铁路有限公司除了张煜南和张鸿南两兄弟，还有谢荣光、吴理卿、林丽生响应参股。公司于1904年在香港设立总局，后来迁到汕头。铁路贯通潮州与汕头，在庵埠、华美、彩塘、散巢、浮洋、枫溪设立车站。潮汕铁路建成后，人货进出汕头港的便利程度得到极大的提升。

在建造潮汕铁路的同时,张氏兄弟还在韩江边火车站附近修建了一座桥,这座桥连通两岸,又位于人流密集的火车站旁,极大地方便了各路行人和车辆的通行。这座桥取兄弟二人的字,命名为"榕耀桥",但老百姓习惯叫它为"火车桥"。

1949年10月24日那天,中国人民解放军列队经过潮汕公路,跨过"火车桥"来到了汕头市区。许多汕头民众自发来到火车桥,迎接解放军进汕头。对很多人来说,那一天意义非凡,象征着自由,象征着解放,于是,人们把这座桥称为"解放桥"。1967年,"火车桥"改建成更加稳固的钢筋混凝土双曲拱结构,正式命名为"解放桥"。

> 原来我们生活的这片土地,我们熟悉的地方背后有这样难忘的故事。华侨们真了不起!辛苦打拼,仍不忘建设家乡。

> 先辈们的拼搏和付出让我们过上了幸福美好的生活,未来,我们也要更加努力!

活动园

交通对经济、军事来说都是特别重要的,你知道汕头还有哪些桥梁吗?

剪纸:《"忆"壶茶》
(黄悦涵 9岁)

主要参考文献

[1] 陈嘉顺. 汕头影踪[M]. 广州：暨南大学出版社，2016.

[2] 鄞镇凯. 汕头埠旧事[M]. 汕头：汕头大学出版社，2016.

[3] 蔡谦. 汕头埠旧影故事[M]. 汕头：汕头大学出版社，2015.

[4] 黄晓丹，陈嘉顺. 汕头埠教育事业[M]. 汕头：汕头市社会科学联合会，2017.

[5] 肖岳山，徐子雅. 发现城市之美汕头[M]. 深圳：海天出版社，2017.

[6] 周海滨. 风从西边来[M]. 北京：中国青年出版社，2016.

[7] 林济. 潮商史略[M]. 北京：华文出版社，2008。

[8] 陈文兰，林少然. 追寻伟人足迹重温革命情怀广东东江各属行政委员公署旧址见证峥嵘岁月[J]. 潮商，2019（01）：68-71.

[9] 陈训先. 1860年汕头开埠始末考略[J]. 韩山师范学院学报，2011，32（02）：6-9.

[10] 向常水. 论胡文虎的慈善公益活动及其思想[J]. 史学月刊，2015（08）.

[11] 黄浩瀚. 我国首条由华侨集资创办的商办铁路——潮汕铁路遭受日军狂轰乱炸[J]. 潮商，2015，（03）：82-83.

[12] 思永. 老照片带你看潮汕铁路沧桑过往[J]. 潮商，2019，

（03）：67-69.

[13] 陈丽. 清代后期汕头的对外贸易（1860-1911年）[D]. 暨南大学，2005。

[14] 陈荆淮. 汕头开埠时间专论[J]. 汕头大学学报（人文社会科学版），2011，27（02）：16-21.

[15] 陈荆淮. 丘逢甲与岭东同文学堂若干史实考证[J]. 汕头大学学报，2006（06）：81-85.

[16] 陈荆淮. 陈黉利家族在香港的活动和贡献[J]. 岭南文史，1999（02）：49-52.

[17] 宋清玉. 历史文化常识我知道[M]. 长春：北方妇女儿童出版社，2014.

[18] 张启明. 新影视知识一本通[M]. 乌鲁木齐：新疆美术摄影出版社，2010.

[19] 本社. 中国历史文化常识通典[M]. 昆明：云南教育出版社，2010.